LE BEURRE FRAIS
POUR TOUS

―⁂―

HISTOIRE
DE LA
MARGARINE MOURIÈS

―⁂―

Produisant moitié plus, coûtant moitié
moins que le Beurre ordinaire
de ferme.

Par TIMOTHÉE TRIMM

―◆◆◆―

SEUL DÉPOT
ET
MAGASIN DE VENTE :
25, rue du Pont-Neuf, 25
PRÈS DES HALLES CENTRALES
PARIS

LE
BEURRE FRAIS
POUR TOUS

HISTOIRE
DE LA
MARGARINE MOURIÈS

Produisant moitié plus, coûtant moitié
moins que le Beurre ordinaire
de ferme.

Par TIMOTHÉE TRIMM

SEUL DÉPOT
ET
MAGASIN DE VENTE :
25, rue du Pont-Neuf, 25
PRÈS DES HALLES CENTRALES
PARIS

BENTHAM a dit, dans un de ses admirables ouvrages, que celui qui crée un aliment a plus de mérite à ses yeux que le conquérant le plus fameux.

L'Alimentation publique est, en effet, la tâche la plus essentielle et la plus ardue de la civilisation moderne.

Le naturaliste qui importait en Europe le premier plant de caféier et qui l'arrosait avec sa part précieuse d'eau potable, à bord du navire sur lequel il naviguait, avait, lui aussi, son héroïsme particulier.

Parmentier, qui nous dota de la pomme de terre, a fait plus pour la santé et le bien-être des peuples que les plus grands philosophes et les plus habiles diplomates.

La question d'alimentation publique devient surtout un point d'études de premier ordre avec l'accroissement successif des populations.

Les peuples augmentent en nombre.

Les soucis les plus grands des gouvernements consistent à les pouvoir nourrir.

M. Guizot avait coutume de dire :

— J'aime mieux voir vingt députés de l'opposition à la tribune que dix centimes d'augmentation sur le prix du pain.

Il y a même une sorte d'aide mutuel, né de la solidarité de responsabilité, parmi les gouvernements du monde entier.

On fait encore ce qui se pratiquait aux temps de Joseph.

On achète le blé là où il s'est montré le plus abondant.

Seulement on ne place plus la coupe d'or dans le sac de Benjamin.

**

J'ai eu l'occasion d'entendre parler d'une association de création toute nouvelle.

Elle porte le titre de *Société d'Alimentation*.

Son but est des plus sérieux.

Elle augmente les ressources et diminue les dépenses publiques.

Elle n'a, pour arriver à ses premiers résultats, eu besoin ni d'émissions d'actions, ni de commanditaires étrangers.

C'est une seule famille qui a fait les fonds considérables qui servent d'assises financières à l'entreprise.

Et le succès le plus éclatant a couronné ses premiers efforts.

**

La Société d'Alimentation a reconnu tout d'abord que l'aliment le plus essentiel après le pain, le plus indispensable à la table comme à la cuisine, c'était le *Beurre*.

C'est avec le beurre que la Charlotte de Werther fait à sa petite sœur des tartines que Goëthe n'a pas dédaigné de décrire.

C'est avec le beurre que se condensent toutes ces sauces merveilleuses qui ont établi si puissamment la suprématie de la Cuisine Française.

**

Le Beurre n'est pas aussi ancien qu'on pourrait le supposer.

On offrait aux temps antiques le lait des animaux comme un sacrifice aux dieux.

Mais on n'avait pas deviné l'opération du barattage.

Toutefois, les Grecs et les Romains connaissaient le beurre dans leurs officines.

On s'en servait uniquement comme un remède en médecine.

Pline lui-même en parle en ajoutant qu'il était rarement employé.

**

Aux temps où nous vivons, le beurre est devenu un aliment indispensable, et en même temps un ingrédient excessivement dispendieux.

Si nous consultons l'ouvrage très-intéressant de M. A. F. Pourieau, docteur ès-sciences, professeur à l'école d'agriculture de Grignon, nous verrons que le beurre d'Isigny est vendu 7 à 8 fr. le kilog.

Le beurre de Gournay   4 à 5 fr.

Le beurre de Bretagne 3 fr. 60 c.

Le beurre même le plus cher contient des principes acides qui en hâtent la décomposition.

La *Société d'alimentation* a jugé :

1° Que le beurre était cher;

2° Que le beurre était défectueux;

3° Que le beurre n'arrivait pas en quantités suffisantes pour la consommation ;

4° Qu'enfin il n'était pas à la portée de toutes les classes de la société, puisque la classe ouvrière est obligée à l'emploi de graisses et même de la croûte qui surnage sur le bouillon froid.

Et elle a immédiatement produit un beurre frais, nutritif, pur de tout élément hostile à la santé publique ou nuisible à sa propre consommation.

Le beurre nouveau se nomme :

MARGARINE MOURIÈS
du nom de son inventeur

M. Mouriès-Mège n'est autre que ce savant chimiste, si connu par ses éminents travaux sur le blé et la panification.

Pour bien exposer tout d'abord et en termes techniques la substance alimentaire qui fait l'objet du présent petit volume, il est bon de laisser la parole au savant qui l'a créée :

« Il y a quelques années, lorsque, chargé par le Gouvernement d'étudier quelques questions importantes d'économie domestique, je m'occupais de la fabrication normale du pain, je fus invité à entreprendre des recherches ayant pour but de produire, pour la marine et les classes nécessiteuses, un beurre moins cher que le beurre ordinaire et capable de se conserver longtemps sans contracter le goût âcre et l'odeur forte que celui-ci prend en peu de temps.

« Diverses expériences que j'entrepris dans ce but à la Ferme impériale de Vincennes me donnèrent les résultats suivants :

« Des vaches, mises à une diète complète, éprouvèrent bientôt une diminution de poids et fournirent une proportion décroissante de lait; mais ce lait contenait toujours du beurre. D'où pouvait provenir ce beurre, si ce n'est de la graisse de l'animal qui, étant résorbée et entraînée dans la circulation, se dépouillait de la stéarine par la combustion respiratoire et fournissait son oléo-margarine aux mamelles qui, agissant sur elle par la pepsine mammaire, la transformaient en oléo-margarine butyreuse, c'est-à-dire en beurre? Guidé par cette observation, je m'appliquai à copier et à reproduire cette opération naturelle, en opérant sur de la graisse de vache d'abord, puis sur de la graisse de bœuf, et je réussis à en obtenir une graisse fusible, à peu près à la même température que le beurre, d'une saveur douce et agréable, et à transformer cette même graisse en un véritable beurre, propre à remplacer le beurre ordinaire de lait dans la plupart de ses usages, et qui offre l'avantage précieux de se conserver longtemps sans rancir. »

**

L'aliment était trouvé.

La nature, interrogée par un éminent consultant, avait livré libéralement l'un de ses plus importants secrets.

M. Mège-Mouriès avait mis en vente de petites quantités de beurre-Margarine dès 1870.

Mais la guerre étrangère et la guerre civile firent reculer à 1873 la fabrication en quantités considérables.

Et ce n'est que depuis dix-huit mois que les opérations de fabrication ont pris un véritable essor.

**

Il est bien essentiel de saisir ce qui suit :

La Margarine Mouriès, qui est un beurre nouveau, ne reçoit pour sa composition aucun élément étranger au beurre fabriqué dans les fermes normandes.

Au contraire, on élimine certaines parties acides qui forment les vices constants du beurre naturel.

Pour être clair dans un sujet qui touche de si près aux arcanes mystérieux de la chimie, j'ai voulu tout voir de mes propres yeux.

Et j'ai été étudier sur le terrain même de la fabrication.

Je suis entré dans l'une des sept

usines de la *Société anonyme d'Alimentation*.

C'est une merveille de propreté ; pas un grain de poussière sur les tables, pas une souillure sur les dalles. Tout un monde de travailleurs collabore à la création de cet aliment dont la fabrication ne peut pas suffire aux commandes journalières.

Voici comment le produit s'obtient :

La *première opération* est la recherche de la graisse ; elle est livrée immédiatement après l'abattage des bestiaux, afin qu'elle soit toujours de la plus remarquable fraîcheur.

Elle est épluchée.

Elle est séparée de son entourage nerveux ou sanguinolent.

Au furet à mesure que cette graisse blanche, pure, fraîche, est dégagée des fibres ou membranes dont elle est entourée, elle est placée sur une toile sans fin qui la précipite dans le broyeur.

Cette *seconde opération*, le broyage, rend la graisse en copeaux, vierge de toute impureté.

Les morceaux de graisse ainsi divisés à l'infini tombent dans la cuve de fonte qui constitue la *troisième opération*.

***

Alors commence la *quatrième opération*, qu'on appelle le *soutirage et repos*.

La fonte est, en effet, soutirée au bain-marie dont l'eau est chauffée à 90 degrés centigrades.

***

La *cinquième opération*, c'est la *cristallisation*, obtenue par le dépôt de la Margarine en des moulots placés dans une chambre chauffée à 25 ou 30 degrés.

C'est dans cette opération, la fonte, que la matière se liquéfie.

Le solide devient liquide.

C'était du suif avant la fonte.

A l'action de la chaleur, le phénomène de la désagrégation a lieu.

La stéarine contenue dans la graisse de l'animal se révèle et s'enlève.

La Margarine, c'est-à-dire l'âme du beurre, demeure isolée.

°

La *sixième opération* consiste à enfermer dans des linges de forte toile la substance transformée en gâteaux.

La *septième opération*, c'est la pression de ces gâteaux.

Le liquide qu'ils rendent, c'est l'oléo-Margarine pure, la matière même qui concourt à la formation du lait naturel.

°

Le reste du travail ressemble à la fabrication ordinaire du beurre.

Le lait et la crème y occupent la même place que pour le produit de la vache.

Mais un avantage immense a été conquis sur le beurre naturel.

Dans l'intérieur du bétail se trouve la *caséine*, partie composant spécialement le fromage et qui doit être séparée du beurre comme étant une des matières étrangères à ce corps qui l'altèrent le plus.

Il convient de compter encore parmi les ennemis du beurre, c'est-à-dire contribuant à son rancissement :

L'acide butyrique et le caprique, ou caproïque, qui en altèrent la qualité.

***

En un mot, voici la composition comparée du beurre de ferme et de la Margarine Mouriès :

COMPOSITION CHIMIQUE DU BEURRE
Sur 100 parties :

Oléo-Margarine................	68
Butyrine.....................	30
Acides butyrique, caprique et caproïque.....................	2
	100

COMPOSITION CHIMIQUE DE LA MARGARINE

Sur 100 parties :

Oléo-Margarine................	70
Butyrine.....................	30
	100

**

J'espère que mes lecteurs ont compris la simplicité, l'ingéniosité de l'opération.

Le beurre ordinaire se compose de Margarine, de lait et de principes nuisibles à l'estomac des consommateurs, hostiles à la conservation du produit.

Que fait M. Mège-Mouriès ?

Il prend dans l'animal, l'essence, le générateur, l'âme du beurre, c'est-à-dire la Margarine.

Il ajoute ce qu'ajoute la vache, le lait ou la crème.

Et il supprime les éléments désorganisateurs.

La vapeur se met au service de l'homme.

La mécanique obéit à ses ordres.

Le travail diviseur de l'oléo-Margarine et de la stéarine, de la substance généreuse et de la substance graisseuse s'opère.

La nature est imitée, contrefaite, dépassée par la perfection du produit.

Le beurre coûte moitié moins et produit moitié plus.

Les classes laborieuses n'en sont plus réduites à manger leurs aliments à l'eau.

L'industrie française a créé un objet d'exportation qui consolidera sa supériorité sur les marchés de l'univers.

C'est un véritable miracle !

Je le constate ! je l'affirme !

**

Je vais dire maintenant dans quelles conditions il s'opère.

Et tout d'abord, insistons sur un point capital, certifié par le rapport du Conseil d'hygiène et de salubrité publique de Paris.

La vente en a été autorisée par le Conseil d'hygiène dans sa séance du 12 avril 1872, à la condition que le produit ne sera pas vendu sous le nom de beurre.

Et pourtant le très-lumineux rapport porte :

« Ce beurre, lavé avec de l'eau à la température ordinaire, en retenait, d'après mes expériences, 12 56 0/0, tandis que j'en trouvais 11 94 0/0 dans le beurre d'Isigny, 13 28 0/0 dans le beurre ordinaire du Calvados, et que, d'après M. Boussingault, la proportion d'eau s'élève jusqu'à 18 et même 20 et 24 0/0 dans les beurres de qualités ordinaire et inférieure.

« Pour le point de solidification,

j'ai constaté 22 et 17 0/0 pour deux échantillons du beurre de M. Mège, 22 0/0 pour du beurre d'Isigny, 22 0/0 pour du beurre ordinaire du Calvados, et 32 à 33 0/0 pour la graisse de bœuf fondue.

« D'autre part, le beurre d'Isigny première qualité m'a fourni 3 13 0/0 de matière caséeuse insoluble dans l'éther à l'état sec, tandis que le beurre Mège ne laissait que 1 20 0/0 de résidus.

« Ce beurre se conserve plus longtemps que le beurre ordinaire et ne prend pas, comme celui-ci, l'odeur et l'âcreté de l'acide butyrique. Pendant les grandes chaleurs, alors que l'on peut à peine conserver le beurre sans qu'il fonde, il est facile de donner au beurre artificiel une consistance plus ou moins solide, en préparant une oléo-Margarine plus ou moins exempte de stéarine. »

C'est donc bien du beurre ayant la même composition que le beurre de ferme, la même apparence et des qualités de conservation éminemment supérieures.

Entre un kilog. de Margarine et un kilog. de beurre ordinaire, le chimiste ne trouvera aucune différence à l'analyse.

Le savant expert l'appelle constamment *Beurre* dans son rapport à la Préfecture de police.

Et s'il a hésité à lui laisser cette naturelle qualification, c'est, dit-il, « pour éviter tout ce qui pourrait inspirer à son égard une prévention nuisible à la vulgarisation de son emploi. »

Cependant, c'est si bien du beurre avec son aspect, ses qualités et son goût parfumé, que l'administration de l'octroi de la ville de Paris exige à son entrée le même droit que celui perçu pour les beurres naturels de ferme.

***

Voilà donc la Margarine Mouriès créée.

A-t-on cherché à la populariser par une publicité bruyante ?

A-t-on pensé à en provoquer la vente par des prospectus nombreux?

En aucune façon.

On s'est contenté de ces louanges administratives, d'autant plus précieuses qu'elles n'ont pour but que l'intérêt public.

Mais deux points devaient amener tout simplement l'immense succès du produit :

Son excellence constatée par les consommateurs ;

Et son prix qui le réduit à un franc dix centimes et à un franc vingt-cinq centimes le 1/2 kilog., c'est-à-dire qui permet son usage aux ménages les plus pauvres.

Et c'est ici que ma tâche s'agrandit et s'élève, au point de vue humanitaire.

M. Mouriès-Mège a inventé un procédé admirable, copiant l'œuvre de la nature, la perfectionnant sans contrarier ses sublimes déductions.

Je suis plein de respect pour l'éminent innovateur.

Mais il a créé en même temps un aliment.

Il a travaillé pour le ménage pauvre, pour l'enfant qu'une économie forcée a réduit à manger le plus souvent du pain sec.

Il a contribué à ranimer ses forces par une substance qui est à la fois rafraîchissante et nutritive.

Il a permis de supprimer l'emploi de ces graisses douteuses dont se servait l'alimentation publique.

C'est pour ce bienfait inestimable que je loue le créateur de la Margarine

Le rapporteur de la Commission d'hygiène, le très-compétent M. Boudet, a donc eu raison de dire :

« *Le produit présenté par M. Mouriès-Mège constitue un véritable progrès, je dirais même une conquête précieuse pour l'alimentation.* »

C'est qu'il y a là véritablement une conquête scientifique comme la vapeur, la photographie, l'électricité.

L'histoire nous apprend qu'un roi de France, pendant un terrible hiver, se préoccupa, avec une sérieuse vigilance, des souffrances et des besoins de son peuple.

Le peuple éleva à son bienfaiteur (le peuple est ingénieux même dans sa pauvreté) une statue de neige ; naturellement, la statue ne se conserva pas et il ne resta plus de traces de la reconnaissance publique.

Si le peuple élevait à M. Mouriès-Mège une statue en Margarine, elle se conserverait, à la condition de n'être pas exposée aux rayons ardents du soleil.

Car la Margarine conserve durant un temps considérable son homogénéité.

**

J'ai vu la plupart des usines où l'on fabrique la Margarine.

On pourrait croire tout d'abord qu'on y fabrique du miel, car on y est calme, silencieux, laborieux comme dans une ruche.

Les chefs d'usine sont généralement d'anciens officiers de l'armée, décorés.

Les chefs de service des anciens sous-officiers.

Les directeurs ont été mus, dans ce choix d'employés supérieurs et subalternes, par une idée éminemment logique.

Pour diriger une grande institution industrielle, il convient de posséder deux inappréciables qualités :

Savoir commander !

Savoir obéir !

Les ouvriers, au nombre de quatre cents, sont traités avec une grande urbanité.

Les ateliers sont remplis d'air et de lumière.

Les salaires sont libéralement rémunérateurs.

Les travaux n'obligent à aucune fatigue excessive et entretiennent plutôt qu'ils n'altèrent la santé des ouvriers.

Ils sont assistés en cas de maladie.

Ils sont dirigés avec une douceur toute paternelle.

Initiés à une industrie nouvelle depuis deux ans, ils ont, pour la *Société anonyme d'Alimentation*, les sentiments filiaux des apprentis pour leurs premiers ateliers.

Intelligents, éclairés, ils sentent bien qu'ils sont, non pas seulement des travailleurs vulgaires, mais aussi les auxiliaires, les collaborateurs d'une grande œuvre.

**

Au temps de la Féodalité comme à l'époque actuelle, le luxe favori des hauts barons et des grands seigneurs consistait dans leurs splendides écuries.

On donnait un coursier au chevalier démonté à la guerre ou dans un tournoi.

On fait figurer sur le turf de nos jours les plus beaux échantillons des rapides coureurs.

Mais il est une grande dame de notre époque qui a aussi son luxe chevalin.

Elle se nomme l'Industrie.

Dans les usines de la *Société anonyme d'Alimentation*, on trouve cinquante chevaux splendides, de cette forte race normande ou percheronne que nous envie si ardemment la jalouse Angleterre.

Cinquante voitures sont incessamment occupées au transport des marchandises.

Le Beurre nouveau a équipage.

On cite un mot à la fois fier et charmant de M. Devinck, l'ancien député et président du Tribunal de commerce qui, parti de la plus humble condition, a atteint l'apogée de la fortune et de la réputation.

Il rencontre un vieil ami, lequel connaît mieux le prix du cacao que la valeur des mots :

— Eh bien ! lui dit avec bonhomie le camarade, te voilà parvenu !

— Je ne suis pas parvenu, répond

avec une noblesse simple l'ancien caissier du raffineur de sucres Casimir Périer, je ne suis pas *parvenu*, je suis *arrivé*.

La Margarine, elle aussi, est arrivée.

Elle a le privilége de fournir le ministère de l'Intérieur.

Elle a déjà à Paris une grande clientèle dans toutes les classes de la société ; son débit est considérable.

Elle est recherchée, accueillie, approuvée par un monde de connaisseurs qui sont devenus à la fois ses consommateurs et sa caution.

Sa clientèle se nomme *Légion*.

Elle n'est pas parvenue, elle non plus.

Elle est arrivée à la considération publique.

****

Arrêtons, en passant à travers les usines de la *Société d'Alimentation*, un mot au passage :

C'est avec le mauvais emploi des mots que naissent les malentendus, les querelles, disons plus, les guerres et les révolutions.

On est convenu d'appeler la Margarine un beurre *artificiel*.

Qu'entend le dictionnaire par ce mot ?

« *Qui se fait adroitement.* »

Qu'entend le public ?

Il confond « artificiel » avec « *artificieux* ».

Pour lui, « artifice » c'est subtilité, imitation aléatoire, contrefaçon.

Or, il est illogique d'appliquer cet adjectif si diversement compris à un produit fait absolument et exclusivement avec les matières dont se compose le beurre.

***

J'ai voulu tout savoir en visitant les usines de la *Société d'Alimentation*.

Je me suis fait ouvrir les livres.

Tout est chiffré par *Doit* et *Avoir* dans l'existence de l'homme.

Nos fautes et nos bonnes actions sont enregistrées d'après les principes de toutes les religions.

Sterne, dans ce chef-d'œuvre d'humour qu'on nomme *Tristram Shandy*, a même créé l'Ange comptable, lequel laisse tomber une larme en inscrivant une faute excusable et efface le péché pour jamais.

La comptabilité de la *Société d'Alimentation* constate un fonds de roulement de plusieurs millions;

Et deux millions d'affaires par mois.

J'ai dit que les bailleurs de fonds étaient une seule famille.

Ils n'ont pas eu à attirer des actionnaires en leur promettant, ce qui était bien leur droit, *plus de beurre que de pain.*

Voltaire nous apprend que de son temps on inventa des charges de conseillers du roi, chargés des fonctions de Contrôleurs du beurre frais et d'Essayeurs du beurre salé.

A toutes les époques le beurre a été l'objet de la surveillance vigilante et paternelle de l'autorité.

Mais qu'on nous permette de l'affirmer, le meilleur contrôleur c'est le public.

Il ne saurait être mauvais juge dans sa cause.

Et c'est en raison de l'excellence de son goût, de la pureté de sa composition, de la durabilité de sa fraîcheur, qu'il a donné à la Margarine Mouriés une popularité dont le présent petit volume n'est que la simple et très-véridique constatation.

Paris. — Imp. Dubuisson et C°, rue Coq-Héron, 3.

SOCIÉTÉ ANONYME D'ALIMENTATION
CAPITAL : 800,000 fr. ENTIÈREMENT LIBÉRÉ

EXPLOITATION DU BREVET MÈGE
MARGARINE MOURIÈS

APPROUVÉE PAR LE CONSEIL D'HYGIÈNE DE PARIS

Fournisseur du ministère de l'Intérieur

Ce produit, exclusivement composé des mêmes éléments que le Beurre ordinaire de ferme, mais plus sain que lui, le remplace avec une économie considérable pour la cuisine, la table et la pâtisserie.

SE VEND :

Pour les usages de la cuisine et de la pâtisserie . . . . le 1/2 kil. 1 f. 10
Pour les usages de la table, le 1/2 kil. 1 25

25, Rue du Pont-Neuf, 25
PRÈS DES HALLES CENTRALES

www.ingramcontent.com/pod-product-compliance
Lightning Source LLC
Chambersburg PA
CBHW060908050426
42453CB00010B/1609